GOTTHOLD EPHRAIM LESSING

DIE SCHÖNE VON HINTEN

DIE SCHÖNE VON HINTEN

LIEDER UND FABELN

VON

GOTTHOLD EPHRAIM LESSING

MIT

12 KUPFERSTICHEN

VON DANIEL CHODOWIECKI

INSEL VERLAG

DIE KÜSSE

Ein Küßchen, das ein Kind mir schenket,
das mit dem Küssen nur noch spielt
und bei dem Küssen noch nichts denket,
das ist ein Kuß, den man nicht fühlt.

Ein Kuß, den mir ein Freund verehret,
das ist ein Gruß, der eigentlich
zum wahren Küssen nicht gehöret:
aus kalter Mode küßt er mich.

Ein Kuß, den mir mein Vater gibet,
ein wohlgemeinter Segenskuß,
wenn er sein Söhnchen lobt und liebet,
ist etwas, das ich ehren muß.

Ein Kuß von meiner Schwester Liebe
steht mir als Kuß nur soweit an,
als ich dabei mit heißerm Triebe
an andre Mädchen denken kann.

Ein Kuß, den Lesbia mir reichet,
den kein Verräter sehen muß,
und der dem Kuß der Tauben gleichet:
ja, so ein Kuß, das ist ein Kuß.

Les Baisers
——————voila ce que l'on peut apeler un baiser.
Ouevr. div. de Lessing.

DIE NAMEN

*Ich fragte meine Schöne:
Wie soll mein Lied dich nennen?
Soll dich als Dorimene,
als Galathee, als Chloris,
als Lesbia, als Doris
die Welt der Enkel kennen?
Ach! Namen sind nur Töne,
sprach meine holde Schöne.
Wähl selbst. Du kannst mich Doris
und Galathee und Chloris
und – wie du willst, mich nennen;
nur nenne mich die deine.*

AN DIE SCHWALBE

Schwatzhafteste der Schwalben, sprich,
was tu' ich dir? Wie straf' ich dich?
Soll ich dich um die Schwingen
mit meiner Schere bringen?
Soll ich, zu deiner Pein,
ein andrer Tereus sein?
Und willst du gern der Prokne gleichen?
Mußt du, zu frühe Schwätzerin,
mußt du von meiner Schäferin
mir meinen schönen Traum verscheuchen?

DIE LÜGENHAFTE PHYLLIS

Mein Damon spricht:
Kind, lüge nicht!
Sonst werd' ich strafen müssen,
Und dich zur Strafe küssen.
Er droht mir, sieht verdrüßlich aus,
Und strafet mich schon im voraus.

Sonst log ich nicht.
Nun seit er spricht:
Du sollst mir fein mit Küssen
Die losen Lügen büßen,
Red' ich kein wahres Wörtchen mehr.
Nun, Schwestern, sagt, wo kömmt das her?

Zankst du schon wieder? sprach Hans Lau
zu seiner lieben Ehefrau.
Versoffner, unverschämter Mann! –
Geduld, mein Kind, ich zieh' mich an. –
Wo nun schon wieder hin? Zu Weine.
Zank du alleine.

Du gehst? – Verdammtes Kaffeehaus!
Ja! blieb' er nur die Nacht nicht aus.
Gott! Ich soll so verlassen sein? –
Wer pocht? – Herr Nachbar? – Nur herein!
Mein böser Teufel ist zu Weine:
Wir sind alleine.

Le Menage

——— ah! cést vous, cher voisin?
Entrés! Mon mechant Diable de Mari est
au Cabaret, nous ſommes Seuls.

DER WUNSCH

Wenn ich, Augenlust zu finden,
Unter schatticht kühlen Linden
Schielend auf und nieder gehe,
Und ein häßlich Mädchen sehe,
Wünsch' ich plötzlich blind zu sein.

Wenn ich, Augenlust zu finden,
Unter schatticht kühlen Linden
Schielend auf und nieder gehe,
Und ein schönes Mädchen sehe,
Möcht' ich lauter Auge sein.

DIE GEWISSHEIT

Ob ich morgen leben werde,
weiß ich freilich nicht:
aber, wenn ich morgen lebe,
daß ich morgen trinken werde,
weiß ich ganz gewiß.

LIED AUS DEM SPANISCHEN

Gestern liebt' ich,
heute leid' ich:
morgen sterb' ich;
dennoch denk' ich
heut und morgen
gern an gestern.

DIE SCHÖNE VON HINTEN

Sieh, Freund! Sieh da! Was geht doch immer
dort für ein reizend Frauenzimmer?
Der neuen Tracht Vollkommenheit,
der engen Schritte Nettigkeit,
die bei der kleinsten Hindrung stocken,
der weiße Hals voll schwarzer Locken,
der wohlgewachsne, schlanke Leib
verrät ein junges, artges Weib.
Komm, Freund! Komm, laß uns schneller
gehen,
damit wir sie von vorne sehen.
Es muß, trügt nicht der hintre Schein,
Die Venus oder Phyllis sein.
Komm, eile doch! – O welches Glücke!
Jetzt sieht sie ungefähr zurücke.
Was war's, das mich entzückt gemacht?
Ein altes Weib in junger Tracht.

La belle par derriere

Que vois je ô Dieux, quel objet m'enchantoit.

C'est une vielle !

DER GENUSS

So bringst du mich um meine Liebe,
unseliger Genuß? Betrübter Tag für mich!
Sie zu verlieren, – meine Liebe, –
sie zu verlieren, wünscht' ich dich?
Nimm sie, den Wunsch so mancher Lieder,
nimm sie zurück, die kurze Lust!
Nimm sie, und gib der öden Brust,
der ewig öden Brust, die beßre Liebe wieder!

DIE BETRÜBNIS

Der Freund:
Freund! Welches Unglück, welche Reue
macht dir so bittern Schmerz?
Der Dichter:
Ach, Freund! Sie flieht, die Ungetreue!
Und sie besaß mein Herz.
Der Freund:
Um eine Falsche dich betrüben?
Du bist ja klug genug.
Der Dichter:
O schweig! Das heißt nicht lieben,
läßt uns die Liebe klug.

AN EINE KLEINE SCHÖNE

Kleine Schöne, küsse mich!
Kleine Schöne, schämst du dich?
Küsse geben, Küsse nehmen,
darf dich jetzo nicht beschämen.
Küsse mich noch hundertmal!
Küss und merk der Küsse Zahl.
Ich will dir, bei meinem Leben,
alle zehnfach wiedergeben,
wenn der Kuß kein Scherz mehr ist
und du zehn Jahr älter bist.

ALEXANDER

Der Weise sprach zu Alexandern:
Dort, wo die lichten Welten wandern,
ist manches Volk, ist manche Stadt.
Was tut der Mann von tausend Siegen?
Die Memme weint, daß, dort zu kriegen,
der Himmel keine Brücken hat.

Ist's wahr, was ihn der Weise lehret,
und finden, was zur Welt gehöret,
daselbst auch Wein und Mädchen statt:
so lasset, Brüder, Tränen fließen,
daß, dort zu trinken und zu küssen,
der Himmel keine Brücken hat.

DIE SCHLAFENDE LAURA

Nachlässig hingestreckt,
die Brust mit Flor bedeckt,
der jedem Lüftchen wich,
das säuselnd ihn durchstrich,
ließ unter jenen Linden
mein Glück mich Lauren finden.
Sie schlief, und weit und breit
schlug jede Blum' ihr Haupt zur Erden,
aus mißvergnügter Traurigkeit,
von Lauren nicht gesehn zu werden.
Sie schlief, und weit und breit
erschallten keine Nachtigallen,
aus weiser Furchtsamkeit,
ihr minder zu gefallen,
als ihr der Schlaf gefiel,
als ihr der Traum gefiel,
den sie vielleicht jetzt träumte,
von dem, ich hoff' es, träumte,

der staunend bei ihr stand
und viel zu viel empfand,
um deutlich zu empfinden,
um noch es zu empfinden,
wie viel er da empfand.
Ich ließ mich sanfte nieder,
ich segnete, ich küßte sie,
ich segnete und küßte wieder,
und schnell erwachte sie.
Schnell taten sich die Augen auf.
Die Augen? – Nein, der Himmel
tat sich auf.

Laure en dormie
Tout a coup elle ouvrit ſes yeux
Ses yeux _ que dis je _ non, céſt le Ciel qui ſouvrit.

LOB DER FAULHEIT

Faulheit, jetzo will ich dir
auch ein kleines Loblied bringen. –
O . . wie . . sau . . er . . wird es mir, . .
dich . . nach Würden . . zu besingen!
Doch, ich will mein Bestes tun;
nach der Arbeit ist gut ruhn.

Höchstes Gut! Wer dich nur hat,
dessen ungestörtes Leben –
ach! . . Ich . . gähn' . . ich . . werde matt . .
nun . . so . . magst du . . mir's vergeben,
daß ich dich nicht singen kann;
du verhinderst mich ja dran.

Korinne schwur, mich zu vergessen:
und doch kann sie mich nicht vergessen.
Wo sie mich sieht, und wo sie kann,
fängt sie auf mich zu lästern an.
Doch warum tut sie das? Warum erhitzt sie
sich?
Ich wette was, noch liebt sie mich.

Ich schwur, Korinnen zu vergessen:
und doch kann ich sie nicht vergessen.
Wo ich sie seh', und wo ich kann,
fang' ich mich zu entschuldgen an.
Doch warum tu' ich das? Und warum
schweig' ich nie?
Ich wette was, noch lieb' ich sie.

DIE PLANETENBEWOHNER

Mit süßen Grillen sich ergötzen,
Einwohner in Planeten setzen,
eh man aus sichern Gründen schließt,
daß Wein in den Planeten ist:
das heißt zu früh bevölkern.

Freund, bringe nur zuerst aufs reine,
daß in den neuen Welten Weine,
wie in der, die wir kennen, sind:
und glaube mir, dann kann ein Kind
auf seine Trinker schließen.

DIE LIEBE

*Ohne Liebe
lebe, wer da kann.
Wenn er auch ein Mensch schon bliebe,
bleibt er doch kein Mann.*

*Süße Liebe,
mach mein Leben süß!
Stille nie die regen Triebe
sonder Hindernis.*

*Schmachten lassen
sei der Schönen Pflicht!
Nur uns ewig schmachten lassen,
dieses sei sie nicht.*

DER TOD

Gestern, Brüder, könnt ihr's glauben?
gestern bei dem Saft der Trauben
(bildet euch mein Schrecken ein!)
kam der Tod zu mir herein.

Drohend schwang er seine Hippe,
drohend sprach das Furchtgerippe:
Fort, du teurer Bacchusknecht!
Fort, du hast genug gezecht!

Lieber Tod, sprach ich mit Tränen,
solltest du nach mir dich sehnen?
Sieh, da stehet Wein für dich!
Lieber Tod, verschone mich!

Lächelnd greift er nach dem Glase;
lächelnd macht er's auf der Base,
auf der Pest Gesundheit leer;
lächelnd setzt er's wieder her.

Fröhlich glaub' ich mich befreiet,
als er schnell sein Drohn erneuet.
Narre, für dein Gläschen Wein
denkst du, spricht er, los zu sein?

Tod, bat ich, ich möcht' auf Erden
gern ein Mediziner werden.
Laß mich! Ich verspreche dir
meine Kranken halb dafür.

Gut, wenn das ist, magst du leben,
ruft er. Nur sei mir ergeben!
Lebe, bis du satt geküßt
und des Trinkens müde bist.

Oh, wie schön klingt dies den Ohren!
Tod, du hast mich neu geboren.
Dieses Glas voll Rebensaft,
Tod, auf gute Brüderschaft!

La Mort

De grace epargne moi, je me fais Medecin
Tu recevras de moi la Moitié des Malades.

Ewig muß ich also leben,
ewig! Denn, beim Gott der Reben!
Ewig soll mich Lieb und Wein,
ewig Wein und Lieb erfreun!

DAS MUSTER DER EHEN

Ein rares Beispiel will ich singen,
wobei die Welt erstaunen wird.
Daß alle Ehen Zwietracht bringen,
glaubt jeder, aber jeder irrt.

Ich sah das Muster aller Ehen,
still, wie die stillste Sommernacht.
Oh, daß sie keiner möge sehen,
der mich zum frechen Lügner macht!

Und gleichwohl war die Frau kein Engel
und der Gemahl kein Heiliger;
es hatte jedes seine Mängel;
denn niemand ist von allen leer.

Doch sollte mich ein Spötter fragen,
wie diese Wunder möglich sind,
der lasse sich zur Antwort sagen:
Der Mann war taub, die Frau war blind.

DER FEHLER

Angelika ist jung und reich,
an Schönheit meiner Phyllis gleich.
Ich kann nichts Schöners nennen;
das wissen die, die Phyllis kennen.
Sie redet ungezwungen rein;
sie scherzt empfindlich und doch fein;
ihr biegsam redlich Herze fühlt;
sie tanzt, sie singt, sie spielt.
Wenn meine Phyllis untreu wird . . .
O werde sie es nie!
Wenn sie es aber wird,
so lieb' ich keine sonst als sie.
Doch . . . hab' ich's auch bedacht?
Nein, einen Fehler treff' ich an,
der alles nichtig macht:
sie liebet ihren Mann.

FAUSTIN

Faustin, der ganze funfzehn Jahr
entfernt von Haus und Hof und Weib und
Kindern war,
ward, von dem Wucher reich gemacht,
auf seinem Schiffe heimgebracht.
Gott, seufzt' der redliche Faustin,
als ihm die Vaterstadt in dunkler Fern'
erschien,
Gott, strafe mich nicht meiner Sünden
und gib mir nicht verdienten Lohn!
Laß, weil du gnädig bist, mich Tochter, Weib
und Sohn
gesund und fröhlich wiederfinden.
So seufzt' Faustin, und Gott erhört' den
Sünder.
Er kam und fand sein Haus in Überfluß und
Ruh',
er fand sein Weib und seine beiden Kinder
und – Segen Gottes! – zwei dazu.

Fauſtin

Il retrouva Sa femme avec ſes deux Enfans
Et... benediction Celeſte.... encor deux de plus.

DIE DIEBIN

Du Diebin mit der Rosenwange,
du mit den blauen Augen da!
Dich mein ich! – Wird dir noch nicht bange?
Gesteh nur, was ich fühlt' und sah!

Du schweigst, doch deine Rosenwange
glüht schuldig, röter als vorhin,
o Diebin mit der Rosenwange,
wo ist mein Herz, wo kam es hin?

DER EREMIT

Im Walde nah bei einer Stadt,
die man mir nicht genennet hat,
ließ einst ein seltenes Gefieder,
ein junger Eremit sich nieder.

In einer Stadt, denkt Applikant,
die man ihm nicht genannt?
Was muß er wohl für eine meinen?
Beinahe sollte mir es scheinen,
daß die – nein die – gemeinet wär'
Kurz, Applikant denkt hin und her
und schließt, noch eh er mich gelesen,
es sei gewiß Berlin gewesen.

Berlin? Ja, ja, das sieht man bald;
denn bei Berlin ist ja ein Wald.

Der Schluß ist stark, bei meiner Ehre:
ich dachte nicht, daß es so deutlich wäre.

Der Wald paßt herrlich auf Berlin,
ohn' ihn beim Haar herbeizuziehn.
Und ob das Übrige wird passen,
will ich dem Leser überlassen.
Auf griechisch weiß ich, wie sie hieß;
doch wer versteht's? Kerapolis.

Hier, nahe bei Kerapolis,
war's, wo ein junger Eremite,
in einer kleinen leeren Hütte,
im dicksten Wald sich niederließ.
Was je ein Eremit getan,
fing er mit größtem Eifer an.
Er betete, er sang, er schrie,
des Tags, des Nachts und spät und früh.
Er aß kein Fleisch, er trank nicht Wein,
ließ Wurzeln seine Nahrung sein
und seinen Trank das helle Wasser;
bei allem Appetit kein Prasser.
Er geißelte sich bis aufs Blut
und wußte, wie das Wachen tut.

Er fastete wohl ganze Tage
und blieb auf einem Fuße stehn;
und machte sich rechtschaffne Plage,
in Himmel mühsam einzugehn.
Was Wunder also, daß gar bald
vom jungen Heiligen im Wald
der Ruf bis in die Stadt erschallt?

Die erste, die aus dieser Stadt
zu ihm die heilge Wallfahrt tat,
war ein betagtes Weib.
Auf Krücken, zitternd, kam sie an
und fand den wilden Gottesmann,
der sie von weitem kommen sahe,
dem hölzern Kreuze kniend nahe.
Je näher sie ihm kömmt, je mehr
schlägt er die Brust und weint und winselt er,
und wie es sich für einen Heilgen schicket,
erblickt sie nicht, ob er sie gleich erblicket.
Bis er zuletzt, vom Knien matt
und heiliger Verstellung satt,

L'Hermite

La premiere qui fit le ſaint pélérinage.
etoit une vieille..........................

vom Fasten, Kreuzgen, Klosterleben,
Marienbildern, Opfergeben,
von Beichte, Salbung, Seelenmessen,
ohn' das Vermächtnis zu vergessen,
von Rosenkränzen mit ihr redte,
und das so oratorisch sagt,
daß sie erbärmlich weint und klagt,
als ob er sie geprügelt hätte.
Zum Schluß bricht sie von seiner
Hütte,
wozu der saure Eremite
mit Not ihr die Erlaubnis gab,
sich einen heilgen Splitter ab,
den sie beküsset und belecket
und in den welken Busen stecket.
Mit diesem Schatz von Heiligkeit
kehrt sie zurück, begnadigt und erfreut,
und läßt daheim die frömmsten Frauen
ihn küssen, andre nur beschauen.
Sie ging zugleich von Haus zu Haus
und rief auf allen Gassen aus:

Der ist verloren und verflucht,
der unsern Eremiten nicht besucht!
Und brachte hundert Gründe bei,
warum der sonderlich den Weibern
nützlich sei.

Ein altes Weib kann Eindruck machen;
zum Weinen bei der Frau und bei dem Mann
zum Lachen.
Zwar ist der Satz nicht allgemein;
auch Männer können Weiber sein.
Doch diesmal waren sie es nicht.
Die Weiber schienen nur erpicht,
den teuern Waldseraph zu sehen.
Die Männer aber? – wehrten's nicht
und ließen ihre Weiber gehen.
Die Häßlichen und Schönen,
die ältesten und jüngsten Frauen,
das arme wie das reiche Weib, –
kurz, jede ging, sich zu erbauen,
und jede fand erwünschten Zeitvertreib.

L'Hermite

Jeunes & vieux accourés vite
Point de Salut que chez l'Hermite.

Was? Zeitvertreib, wo man erbauen will?
Was soll der Widerspruch bedeuten?
Ein Widerspruch? Das wäre viel!
Er sprach ja sonst von lauter Seligkeiten! –
Oh! Davon sprach er noch, nur mit dem
Unterscheide:
Mit Alten sprach er stets von Tod und
Eitelkeit,
mit Armen von des Himmels Freude,
mit Häßlichen von Ehrbarkeit,
nur mit den Schönen allezeit
vom ersten jeder Christentriebe.
Was ist das? Wer mich fragt, kann der ein
Christ wohl sein?
Denn jeder Christ kömmt damit überein,
es sei die liebe Liebe.

Der Eremit war jung; das hab' ich schon
gesagt.
Doch schön? Wer nach der Schönheit fragt,
der mag ihn hier besehn.

Genug, den Weibern war er schön.
Ein starker, frischer, junger Kerl,
nicht dicke wie ein Faß, nicht hager wie ein
Querl. –
Nun, nun, aus seiner Kost ist jenes leicht zu
schließen.
Doch sollte man auch wissen,
daß Gott dem, den er liebt,
zu Steinen wohl Gedeihen gibt;
und das ist doch kein fett Gerichte!
Ein bräunlich männliches Gesichte,
nicht allzu klein, nicht allzu groß,
das sich im dichten Barte schloß;
die Blicke wild, doch sonder Anmut nicht;
die Nase lang, wie man die Kaisernasen
dicht't.
Das ungebundne Haar floß straubicht um das
Haupt;
und wesentlichre Schönheitsstücke
hat der zerrißne Rock dem Blicke
nicht ganz entdeckt, nicht ganz geraubt.

Der Waden nur noch zu gedenken:
Sie waren groß und hart wie Stein.
Das sollen, wie man sagt, nicht schlimme
Zeichen sein;
allein den Grund wird man mir schenken.

Nun wahrlich, so ein Kerl kann Weiber lüstern
machen.
Ich sag' es nicht für mich; es sind geschehne
Sachen.
Geschehne Sachen? Was?
So ist man gar zur Tat gekommen?
Mein lieber Simplex, fragt sich das?
Weswegen hätt' er denn die Predigt unter-
nommen?
Die süße Lehre süßer Triebe?
Die Liebe heischet Gegenliebe,
und wer ihr Priester ist, verdienet keinen Haß.
O Andacht, mußt du doch so manche Sünde
decken!
Zwar die Moral ist hier zu scharf,

weil mancher Mensch sich nicht bespiegeln
darf,
aus Furcht, er möchte vor sich selbst
erschrecken.
Drum will ich nur mit meinen Lehren
ganz still nach Hause wiederkehren.
Kömmt mir einmal der Einfall ein,
und ein Verleger will für mich so gnädig sein,
mich in Großquart in Druck zu nehmen;
so könnt' ich mich vielleicht bequemen,
mit hundert englischen Moralen,
die ich im Laden sah, zu prahlen,
Exempelschätze, Sittenrichter,
die alten und die neuen Dichter
mit witzgen Fingern nachzuschlagen,
und was die sagen und nicht sagen,
in einer Note abzuschreiben.
Bringt, sag' ich noch einmal, man mich
gedruckt an Tag;
denn in der Handschrift laß' ich's bleiben,
weil ich mich nicht belügen mag.

Ich fahr' in der Erzählung fort –
doch möcht' ich in der Tat gestehn,
ich hätte manchmal mögen sehn,
was die und die, die an den Wallfahrtsort
mit heiligen Gedanken kam,
für fremde Mienen an sich nahm,
wenn der verwegne Eremit,
fein listig, Schritt vor Schritt,
vom Geist aufs Fleisch zu reden kam.
Ich zweifle nicht, daß die verletzte Scham
den Zorn nicht ins Gesicht getrieben,
daß Mund und Hand nicht in Bewegung
kam,
weil beide die Bewegung lieben;
allein, daß die Versöhnung ausgeblieben,
glaub' ich, und wer die Weiber kennt,
nicht eher, als kein Stroh mehr brennt.
Denn wird doch wohl ein Löwe zahm.
Und eine Frau ist ohnedem ein Lamm.
Ein Lamm? Du magst die Weiber
kennen.

Je nun, man kann sie doch insoweit Lämmer
nennen,
als sie von selbst ins Feuer rennen.
Fährst du in der Erzählung fort?
Und bleibst mit deinem Kritisieren
doch ewig an demselben Ort?
So kann das Nützliche den Dichter auch
verführen.
Nun gut, ich fahre fort
und sag', um wirklich fortzufahren,
daß nach fünf Vierteljahren
die Schelmereien ruchbar waren.
Erst nach fünf Vierteljahren? Nu,
der Eremit hat wacker ausgehalten.
So viel trau' ich mir doch nicht zu;
ich möchte nicht sein Amt ein Vierteljahr
verwalten.
Allein, wie ward es ewig kund?
Hat es ein schlauer Mann erfahren?
Verriet es einer Frau waschhafter
Mund?

Wie? Oder daß den Hochverrat
ein alt neugierig Weib, aus Neid, begangen
hat?
O nein; hier muß man besser raten,
zwei muntre Mädchen hatten Schuld,
die voller frommer Ungeduld
das taten, was die Mütter taten;
und dennoch wollten sich die Mütter nicht
bequemen,
die guten Kinder mitzunehmen.
Sie merkten also wohl den Braten? –
Und haben ihn gar dem Papa
verraten
Die Töchter sagten's dem Papa?
Wo blieb die Liebe zur Mama?
Oh! Die kann nichts darunter leiden;
denn wenn ein Mädchen auch die Mutter
liebt,
daß es der Mutter in der Not
den letzten Bissen Brot
aus seinem Munde gibt,

so kann das Mädchen doch die Mutter hier
beneiden,
hier, wo so Lieb als Klugheit spricht:
Ihr Schönen, trotz der Kinderpflicht,
vergeßt euch selber nicht!
Kurz, durch die Mädchen kam's ans Licht,
daß er, der Eremit, beinah die ganze Stadt
zu Schwägern oder Kindern hat.

Oh, der verfluchte Schelm! Wer hätte das
gedacht!
Die ganze Stadt ward aufgebracht,
und jeder Ehmann schwur, daß in der ersten
Nacht
er und sein Mitgenoß, der Hain,
des Feuers Beute müsse sein.
Schon rotteten sich ganze Scharen,
die zu der Rache fertig waren.
Doch ein hochweiser Magistrat
besetzt das Tor und sperrt die Stadt,
der Eigenrache vorzukommen,

und schicket alsobald
die Schergen in den Wald,
die ihn vom Kreuze weg und in Verhaft
genommen.
Man redte schon von Galgen und von Rad,
so sehr schien sein Verbrechen häßlich;
und keine Strafe war so gräßlich,
die, wie man sagt, er nicht verdienet hat.
Und nur ein Hagestolz, ein schlauer Advokat,
sprach: Oh! Dem kömmt man nicht ans
Leben,
der es Unzähligen zu geben,
so rühmlich sich beflissen hat.

Der Eremite, der die Nacht
im Kerker ungewiß und sorgend
durchgewacht,
ward morgens ins Verhör gebracht.
Der Richter war ein schalkscher Mann,
der jeden mit Vergnügen schraubte,
und doch – (wie man sich irren kann!)

von seiner Frau das Beste glaubte.
Sie ist ein Ausbund aller Frommen
und nur einmal in Wald gekommen,
den Pater Eremit zu sehn.
Einmal! Was kann da viel geschehn?
So denkt der gütige Herr Richter.
Denk immer so, zu deiner Ruh',
lacht gleich die Wahrheit und der Dichter
und deine fromme Frau dazu.

Nun tritt der Eremit vor ihn.
Mein Freund, wollt Ihr von selbst die nennen,
die – die Ihr kennt und die Euch kennen,
so könnt Ihr der Tortur entfliehn.
Doch – Darum laß' ich mich nicht plagen.
Ich will sie alle sagen.
Herr Richter, schreib Er nur! – Und wie?
Der Eremit entdecket sie?
Ein Eremite kann nicht schweigen?
Sonst ist das Plaudern nur den Stutzern
eigen.

L'Hermite

Eh bien.....vous le voules. Monsieur
..............................votre femme.

Der Richter schrieb. Die Erste war
Kamilla – Wer? Kamilla? – Ja fürwahr!
Die andern sind: Sophia, Laura, Doris,
Angelika, Korinna, Chloris. –
Der Henker mag sie alle fassen,
gemach! Und eine nach der andern fein!
Denn eine nur vorbei zu lassen –
Wird wohl kein großer Schade sein,
fiel jeder Ratsherr ihm ins Wort.
Hört, schrien sie, erzählt nur fort!
Weil jeder Ratsherr in Gefahr
sein eigen Weib zu hören war.
Ihr Herren, schrie der Richter, nein!
Die Wahrheit muß am Tage sein;
was können wir sonst für ein Urteil fassen?
Ihn, schrien alle, gehn zu lassen.
Nein, die Gerechtigkeit – und kurz, der
Delinquent
hat jede noch einmal genennt,
und jeder hing der Richter dann
ein loses Wort für ihren Hahnrei an.

Das Hundert war schon mehr als voll;
Der Eremit, der mehr gestehen soll,
stockt, weigert sich, scheut sich zu sprechen. –
Nu, nu, nur fort! Was zwingt Euch wohl,
so unvermutet abzubrechen?
Das sind sie alle! – Seid Ihr toll?
Ein Held wie Ihr! Gestehet nur, gesteht!
Die letzten waren, wie Ihr seht:
Klara, Pulcheria, Susanne,
Charlotte, Marianne, Hanne.
Denkt nach! Ich laß' Euch Zeit dazu!
Das sind sie wirklich alle! – Nu –
Macht, eh wir schärfer in Euch dringen!
Nein, keine mehr; ich weiß genau –
Ha! Ha! Ich seh', man soll Euch zwingen –
Nun gut, Herr Richter, – Seine Frau. –

Daß man von der Erzählung nicht
als einem Weibermärchen spricht,
so mach' ich sie zum Lehrgedicht
durch beigefügten Unterricht:

Wer seines Nächsten Schande sucht,
wird selber seine Schande finden!
Nicht wahr, so liest man mich mit Furcht?
Und ich erzähle sonder Sünden?

DER ADLER UND DIE EULE

Der Adler Jupiters und Pallas' Eule stritten.
Abscheulich Nachtgespenst! – Beschneider,
darf ich bitten.
Der Himmel heget mich und dich;
Was bist du also mehr, als ich?
Der Adler sprach: Wahr ist's, im Himmel
sind wir beide;
Doch mit dem Unterscheide:
Ich kann durch eignen Flug,
Wohin dich deine Göttin trug.

DAS GEHEIMNIS

Hans war zum Pater hingetreten,
ihm seine Sünden vorzubeten.
Hans war noch jung, doch ohne Ruhm,
so jung er war, von Herzen dumm.

Der Pater hört' ihn an. Hans beichtete nicht viel.
Was sollte Hans auch beichten?
Von Sünden wußt' er nichts und desto mehr vom Spiel.
Spiel ist ein Mittelding, das braucht er nicht zu beichten.
Nun, soll das alles sein?
Fällt, sprach der Pater, dir sonst nichts zu beichten ein?
Ehrwürdger Herr, sonst nichts. – Sonst weißt du gar nichts mehr?

Gar nichts, bei meiner Ehr'!
Sonst weißt du nichts? Das wäre schlecht!
So wenig Sünden? Hans besinn dich recht.
Ach Herr, mit Seinem scharfen Fragen . . .
ich wüßte wohl noch was.
Nu? Nur heraus! – Ja das,
Herr Pater, kann ich Ihm bei meiner Treu
nicht sagen.
So? Weißt du etwa schon, worüber junge
Dirnen,
wenn man es ihnen tut und ihnen nicht tut,
zürnen?
Herr, ich versteh' Euch nicht. – Und desto
besser; gut.
Du weißt doch nichts von Dieberei, von Blut?
Dein Vater hurt doch nicht? – O meine Mutter
spricht's;
doch das ist alles nichts.
Nichts? Nu, was weißt du denn? Gesteh! Du
mußt es sagen!

Le Secret

Je Sçais, je ſçais encore où git un nid d'Oiſeaux
Mais ne demandes pas ou il eſt, mon bon Pere.

Und ich versprech' es dir,
was du gestehest, bleibt bei mir.
Auf Sein Versprechen, Herr, mag es ein
andrer wagen;
daß ich kein Narre bin!
Er darf's, Ehrwürdger Herr, nur einem
Jungen sagen,
so ist mein Glücke hin.
Verstockter Bösewicht, fuhr ihn der Pater an,
weißt du, vor wem du stehst? Daß ich dich
zwingen kann?
Geh! Dein Gewissen soll dich brennen!
Kein Heiliger dich kennen!
Dich kenn' Maria nicht, auch nicht Mariens
Sohn!
Hier wär' dem armen Bauernjungen
vor Angst beinah das Herz zersprungen.
Er weint' und sprach voll Reu: Ich weiß –
Das weiß ich schon,
daß du was weißt; doch was? – Was sich nicht
sagen läßt –

Noch zauderst du? – Ich weiß – Was denn? –
Ein Vogelnest.
Doch wo es ist, fragt nicht; ich fürchte, drum
zu kommen.
Vorm Jahre hat mir Matz wohl zehne weg-
genommen.
Geh Narr, ein Vogelnest war nicht der Mühe
wert,
daß du es mir gesagt und ich's von dir begehrt.

Ich kenn' ein drolligt Volk, mit mir kennt es*
die Welt,
das schon seit manchen Jahren
die Neugier auf der Folter hält,
und dennoch kann sie nichts erfahren.
Hör auf, leichtgläubge Schar, sie forschend zu
umschlingen!
Hör auf, mit Ernst in sie zu dringen!
Wer kein Geheimnis hat, kann leicht den
Mund verschließen.

* *Die Freimäurer. — L.*

Das Gift der Plauderei ist, nichts zu plaudern
wissen.
Und wissen sie auch was, so kann mein
Märchen lehren,
daß oft Geheimnisse uns nichts Geheimes
lehren,
und man zuletzt wohl spricht: War das der
Mühe wert,
daß ihr es mir gesagt und ich's von euch
begehrt?

Nenne mir ein so geschicktes Tier, dem ich nicht nachahmen könnte! So prahlte der Affe gegen den Fuchs. Der Fuchs aber erwiderte: Und du, nenne mir ein so geringschätziges Tier, dem es einfallen könnte, dir nachzuahmen.

Schriftsteller meiner Nation! – Muß ich mich noch deutlicher erklären?

DIE NACHTIGALL UND DER HABICHT

Ein Habicht schoß auf eine singende Nachtigall. Da du so lieblich singst, sprach er, wie vortrefflich wirst du schmecken! War es höhnische Bosheit, oder war es Einfalt, was der Habicht sagte? Ich weiß nicht. Aber gestern hört' ich sagen: Dieses Frauenzimmer, das so unvergleichlich dichtet, muß es nicht ein allerliebstes Frauenzimmer sein! Und das war gewiß Einfalt!

DIE EICHE UND DAS SCHWEIN

Ein gefräßiges Schwein mästete sich, unter einer hohen Eiche, mit der herabfallenden Frucht. Indem es die eine Eichel zerbiß, verschluckte es bereits eine andere mit dem Auge.

Undankbares Vieh! rief endlich der Eichbaum herab. Du nährest dich von meinen Früchten, ohne einen einzigen dankbaren Blick auf mich in die Höhe zu richten.

Das Schwein hielt einen Augenblick inne und grunzte zur Antwort: Meine dankbaren Blicke sollten nicht außenbleiben, wenn ich nur wüßte, daß du deine Eicheln meinetwegen hättest fallen lassen.

Eine alte Kirche, welche den Sperlingen unzählige Nester gab, ward ausgebessert. Als sie nun in ihrem neuen Glanze dastand, kamen die Sperlinge wieder, ihre alten Wohnungen zu suchen. Allein sie fanden sie alle vermauert. Zu was, schrien sie, taugt denn nun das große Gebäude? Kommt, verlaßt den unbrauchbaren Steinhaufen!

DER SPERLING UND DER STRAUSS

Sei auf deine Größe, auf deine Stärke so stolz, als du willst, sprach der Sperling zu dem Strauße. Ich bin doch mehr ein Vogel als du. Denn du kannst nicht fliegen; ich aber fliege, obgleich nicht hoch, obgleich nur ruckweise.

Der leichte Dichter eines fröhlichen Trinkliedes, eines kleinen verliebten Gesanges, ist mehr ein Genie als der schwunglose Schreiber einer langen Hermanniade.

DIE HUNDE

Wie ausgeartet ist hierzulande unser Geschlecht! sagte ein gereister Pudel. In dem fernen Weltteile, welches die Menschen Indien nennen, da, da gibt es noch rechte Hunde; Hunde, meine Brüder – ihr werdet mir es nicht glauben, und doch habe ich es mit meinen Augen gesehen – die auch einen Löwen nicht fürchten und kühn mit ihm anbinden.

Aber, fragte den Pudel ein gesetzter Jagdhund, überwinden sie ihn denn auch, den Löwen?

Überwinden? war die Antwort. Das kann ich nun eben nicht sagen. Gleichwohl, bedenke nur, einen Löwen anzufallen! –

Oh, fuhr der Jagdhund fort, wenn sie ihn nicht überwinden, so sind deine gepriesenen Hunde in Indien – besser als wir so viel wie nichts – aber ein gut Teil dümmer.

DER RIESE

Ein rebellischer Riese schoß seinen vergifteten Pfeil über sich in den Himmel, niemand Geringerm als einem Gott das Leben damit zu rauben. Der Pfeil floh in die unermessenste Ferne, in welcher ihm auch der schärfste Blick des Riesen nicht folgen konnte. Schon glaubte der Rasende sein Ziel getroffen zu haben und fing an, ein gotteslästerliches Triumphlied zu jauchzen. Endlich aber gebrach dem Pfeile die mitgeteilte Kraft der schnellenden Sehne; er fiel mit einer stets wachsenden Wucht wieder herab und tötete seinen frevelnden Schützen.

Unsinnige Spötter der Religion, eure Zungenpfeile fallen weit unter ihrem ewigen Throne wieder zurück; und eure eignen Lästerungen sind es, die sie an euch rächen werden.

Le Géant

De la Religion détracteur insensé
Tu périras du trait que la Langue a lancé.

DER JUNGE UND DER ALTE HIRSCH

Ein Hirsch, den die gütige Natur Jahrhunderte leben lassen, sagte einst zu einem seiner Enkel: Ich kann mich der Zeit noch sehr wohl erinnern, da der Mensch das donnernde Fernrohr noch nicht erfunden hatte.

Welche glückliche Zeit muß das für unser Geschlecht gewesen sein! seufzete der Enkel.

Du schließest zu geschwind! sagte der alte Hirsch. Die Zeit war anders, aber nicht besser. Der Mensch hatte da, anstatt des Fernrohres, Pfeile und Bogen; und wir waren ebenso schlimm dran, als itzt.

DIE EULE UND DER SCHATZGRÄBER

Jener Schatzgräber war ein sehr unbilliger Mann. Er wagte sich in die Ruinen eines alten Raubschlosses und ward da gewahr, daß die Eule eine magere Maus ergriff und verzehrte. Schickt sich das, sprach er, für den philosophischen Liebling Minervens?

Warum nicht? versetzte die Eule. Weil ich stille Betrachtungen liebe, kann ich deswegen von der Luft leben? Ich weiß zwar wohl, daß ihr Menschen es von euren Gelehrten verlanget. –

Ich muß dich doch etwas fragen, sprach ein junger Adler zu einem tiefsinnigen, grundgelehrten Uhu. Man sagt, es gäbe einen Vogel, mit Namen Merops, der, wenn er in die Luft steige, mit dem Schwanze voraus, den Kopf gegen die Erde gekehret, fliege. Ist das wahr?

Ei nicht doch! antwortete der Uhu; das ist eine alberne Erdichtung des Menschen. Er mag selbst ein solcher Merops sein; weil er nur gar zu gern den Himmel erfliegen möchte, ohne die Erde auch nur einen Augenblick aus dem Gesichte zu verlieren.

DER LÖWE MIT DEM ESEL

Als des Äsopus Löwe mit dem Esel, der ihm durch seine fürchterliche Stimme die Tiere sollte jagen helfen, nach dem Walde ging, rief ihm eine naseweise Krähe von dem Baume zu: Ein schöner Gesellschafter! Schämst du dich nicht, mit einem Esel zu gehen? – Wen ich brauchen kann, versetzte der Löwe, dem kann ich ja wohl meine Seite gönnen.

So denken die Großen alle, wenn sie einen Niedrigen ihrer Gemeinschaft würdigen.

DAS SCHAF UND DIE SCHWALBE

Eine Schwalbe flog auf ein Schaf, ihm ein wenig Wolle für ihr Nest auszurupfen. Das Schaf sprang unwillig hin und wider. Wie bist du denn nur gegen mich so karg? sagte die Schwalbe. Dem Hirten erlaubst du, daß er dich deiner Wolle über und über entblößen darf; und mir verweigerst du eine kleine Flocke. Woher kömmt das?

Das kömmt daher, antwortete das Schaf, weil du mir meine Wolle nicht mit ebenso guter Art zu nehmen weißt als der Hirte.

Glaubet mir, Freunde, die große Welt ist nicht für den Weisen, ist nicht für den Dichter! Man kennet da ihren wahren Wert nicht, und ach! sie sind oft schwach genug, ihn mit einem nichtigen zu vertauschen.

In den ersten Zeiten war die Schwalbe ein ebenso tonreicher, melodischer Vogel als die Nachtigall. Sie ward es aber bald müde, in den einsamen Büschen zu wohnen und da von niemand als dem fleißigen Landmanne und der unschuldigen Schäferin gehöret und bewundert zu werden. Sie verließ ihre demütigere Freundin und zog in die Stadt. – Was geschah? Weil man in der Stadt nicht Zeit hatte, ihr göttliches Lied zu hören, so verlernte sie es nach und nach und lernte dafür – bauen.

DER RABE

Der Rabe bemerkte, daß der Adler ganze dreißig Tage über seinen Eiern brütete. Und daher kömmt es, ohne Zweifel, sprach er, daß die Jungen des Adlers so allsehend und stark werden. Gut! das will ich auch tun.

Und seitdem brütet der Rabe wirklich dreißig Tage über seinen Eiern; aber noch hat er nichts als elende Raben ausgebrütet.

Zwei Knaben wollten Schach ziehen. Weil ihnen ein Springer fehlte, so machten sie einen überflüssigen Bauer durch ein Merkzeichen dazu.

Ei, riefen die andern Springer, woher, Herr Schritt vor Schritt?

Die Knaben hörten die Spötterei und sprachen: Schweigt! Tut er uns nicht eben die Dienste, die ihr tut?

DER HIRSCH UND DER FUCHS

Der Hirsch sprach zu dem Fuchse: Nun wehe uns armen schwächern Tieren! Der Löwe hat sich mit dem Wolfe verbunden.

Mit dem Wolfe? sagte der Fuchs. Das mag noch hingehen! Der Löwe brüllet, der Wolf heulet; und so werdet ihr euch noch oft beizeiten mit der Flucht retten können. Aber alsdenn, alsdenn möchte es um uns alle geschehen sein, wenn es dem gewaltigen Löwen einfallen sollte, sich mit dem schleichenden Luchse zu verbinden.

DER HUNGRIGE FUCHS

Ich bin zu einer unglücklichen Stunde geboren! so klagte ein junger Fuchs einem alten. Fast keiner von meinen Anschlägen will mir gelingen. – Deine Anschläge, sagte der ältere Fuchs, werden ohne Zweifel doch klug sein. Laß doch hören, wann machst du deine Anschläge? – Wann ich sie mache? Wann anders, als wenn mich hungert? – Wenn dich hungert? fuhr der alte Fuchs fort. Ja! da haben wir es! Hunger und Überlegung sind nie beisammen. Mache sie künftig, wenn du satt bist, und sie werden besser ausfallen.

Du zürnest, Liebling der Musen, über die laute Menge des parnassischen Geschmeißes? – O höre von mir, was einst die Nachtigall hören mußte.

Singe doch, liebe Nachtigall! rief ein Schäfer der schweigenden Sängerin an einem lieblichen Frühlingsabend zu.

Ach! sagte die Nachtigall; die Frösche machen sich so laut, daß ich alle Lust zum Singen verliere. Hörest du sie nicht?

Ich höre sie freilich, versetzte der Schäfer. Aber nur dein Schweigen ist schuld, daß ich sie höre.

Zeus hatte nunmehr den Fröschen einen andern König gegeben: anstatt eines friedlichen Klotzes eine gefräßige Wasserschlange.

Willst du unser König sein, schrien die Frösche, warum verschlingst du uns? – Darum, antwortete die Schlange, weil ihr um mich gebeten habt. –

Ich habe nicht um dich gebeten! rief einer von den Fröschen, den sie schon mit den Augen verschlang. – Nicht? sagte die Wasserschlange. Desto schlimmer! So muß ich dich verschlingen, weil du nicht um mich gebeten hast.

WEM ICH ZU GEFALLEN SUCHE UND NICHT SUCHE

Alten, alt zu unsrer Pein,
denen von der Lust im Lieben,
von der Jugend, von dem Wein
das Erinnern kaum geblieben;
Weibern, die der Taufschein drückt,
wenn ihr Reiz, der sonst entzückt,
sonst gestritten, sonst gesiegt,
unter Schichten Runzeln liegt;
Dichtern, die den Wein nicht loben,
die die Liebe nicht erhoben;
Mädchen, die nicht Gleimen kennen,
Rosten nicht vortrefflich nennen;
Weisen, die mit leeren Grillen
leere Köpfe strotzend füllen;
Männern, die die Sitten lehren
und dich, Molièr' nicht ehren,
stolz auf ihr Systema sehn
und dich, muntern Schauplatz, schmähn;

Handelsleuten, die das Geld
und ihr Stolz zu Fürsten stellt;
falschen Priestern, die die Tugend
mir nicht munter wie die Jugend,
mir nicht schmackhaft, mir nicht süße,
wie den Wein und wie die Küsse,
mir nicht reizend, wie die Strahlen
aus der Phyllis Augen, malen;
Stutzern, deren weißer Scheitel,
deren reich' und witzge Tracht
dumm gelobte Schönen eitel
und zu ihresgleichen macht;
unversuchten stolzen Kriegern;
ausgeblasnen Federsiegern;
ältlichklugen jungen Leuten;
Seufzenden nach bessern Zeiten,
schwermutsvollen Gallenchristen;
allen Narren, die sich isten,
zum Exempel Pietisten,
zum Exempel Atheisten,
zum Exempel Rabulisten,

Operisten und Chymisten,
Quietisten und Sophisten
und nicht wenigen Juristen,
Publizisten und Statisten,
und nicht wenigen Linguisten,
und nicht wenigen Stilisten,
und nicht wenig Komponisten . . .
O der Atem will mir fehlen,
alle Narren zu erzählen . . .
Allen, die mich tadelnd hassen,
die mein Leben voller Freude
mich nicht, aus verstelltem Neide,
ungestört genießen lassen:
diesen Toren, diesen allen
mag ich, L., nicht gefallen,
mag ich, sag' ich, nicht gefallen.

Alten, die der Wein verjüngt,
die mit zitternd schwachen Tönen,
wenn die Jugend munter singt,
ihr noch gleich zu sein sich sehnen;

Weibern, die, was an sich zieht,
Reiz und Jugend noch nicht flieht,
die des Schicksals harte Hand
weibschen Männern zugewandt;
jungen Witwen, die sich grämen,
Flor und Trauer umzunehmen,
und mit schwergereizten Zähren
nur den andern Mann begehren;
Dichtern, die wie Dichter küssen,
nichts als sich zu freuen wissen;
Dichtern, die wie Dichter zechen,
nie versagten Beifall rächen;
Dichtern, die bei Kuß und Wein
Miltons lassen Miltons sein;
Dichtern, die im Scherze stark,
mit Geschichten voller Mark
muntern Mädchen munter lehren,
was die Mütter ihnen wehren;
Dichtern, die mich spottend bessern,
kleine Fehlerchen vergrößern,
daß ich sie in ihrem Spiele

desto lächerlicher fühle;
Rednern, die stark im Verstellen,
uns vergnügend hintergehn,
wenn wir sie in zwanzig Fällen
zwanzigmal nicht selber sehn,
bald als Unglückshelden sprechen,
bald die Tugend spottend rächen,
bald als Könige befehlen,
bald als alte Männer schmälen;
Künstlern, die auf Zaubersaiten
Sorg und Harm durchs Ohr bestreiten
und mit heilsam falschem Leide
dämpfen übermäßge Freude;
Federbüschen, die nicht prahlen;
Reichen, welche reich bezahlen;
Kriegern, die ihr Leben wagen;
Armen, welche nicht verzagen;
allen liebenswürdgen Mädchen,
liebenswürdgen weißen Mädchen,
liebenswürdgen braunen Mädchen,
liebenswürdgen stillen Mädchen,

liebenswürdgen muntern Mädchen,
wären es gleich Bürgermädchen,
wären es gleich Kaufmannsmädchen,
wären es gleich Priestermädchen,
wären es gleich Kammermädchen,
wären es gleich Bauernmädchen,
wenn sie nur die Liebe fühlen,
lachen, scherzen, küssen, spielen:
diesen, Freunde, diesen allen
wünsch' ich, L., zu gefallen,
wünsch' ich, sag' ich, zu gefallen.

INHALT

5 *Die Küsse**
9 *Die Namen*
10 *An die Schwalbe*
11 *Die lügenhafte Phyllis*
12 *Die Haushaltung**
15 *Der Wunsch*
16 *Die Gewißheit*
17 *Lied aus dem Spanischen*
18 *Die Schöne von hinten**
21 *Der Genuß*
22 *Die Betrübnis*
23 *An eine kleine Schöne*
24 *Alexander*
25 *Die schlafende Laura**
29 *Lob der Faulheit*
30 *Die Vorspiele der Versöhnung*
31 *Die Planetenbewohner*
32 *Die Liebe*
33 *Der Tod**

38 *Das Muster der Ehen*
39 *Der Fehler*
40 *Faustin**
43 *Die Diebin*
44 *Der Eremit**
68 *Der Adler und die Eule*
69 *Das Geheimnis**
76 *Der Affe und der Fuchs*
77 *Die Nachtigall und der Habicht*
78 *Die Eiche und das Schwein*
79 *Die Sperlinge*
80 *Der Sperling und der Strauß*
81 *Die Hunde*
82 *Der Riese**
85 *Der junge und der alte Hirsch*
86 *Die Eule und der Schatzgräber*
87 *Merops*
88 *Der Löwe mit dem Esel*
89 *Das Schaf und die Schwalbe*
90 *Die Schwalbe*
91 *Der Rabe*

92 *Der Springer im Schache*
93 *Der Hirsch und der Fuchs*
94 *Der hungrige Fuchs*
95 *Der Schäfer und die Nachtigall*
96 *Die Wasserschlange*
97 *Wem ich zu gefallen suche und nicht suche**

*Die mit einem * versehenen Lieder und Fabeln sind von Daniel Chodowiecki illustriert. Die 12 Illustrationen erschienen zuerst im »Gothaischen Hofkalender zum Nutzen und Vergnügen eingerichtet auf das Jahr 1780«. Sie sind hier in Originalgröße wiedergegeben. Die Originale stellte freundlicherweise das Museum der bildenden Künste zu Leipzig für den Nachdruck zur Verfügung.*

2. Auflage
Lizenzausgabe, mit freundlicher Genehmigung des Buchverlages Der Morgen, Berlin, DDR.
Die Gestaltung lag in den Händen von Professor Horst Erich Wolter, Leipzig.
Das Werk wurde aus der Didot-Kursiv und der Didot-Antiqua im Druckhaus Aufwärts, Leipzig, gesetzt.
Der Druck des Textes und der Lithographien sowie des Bezuges erfolgte bei der Firma H. F. Jütte (VOB).
Den Schuber stellte der VEB Roh- und Feinkartonagen, Leipzig, her.
Die buchbinderische Verarbeitung übernahm die VOB Kunst- und Verlagsbuchbinderei, Leipzig.

Insel Verlag, Frankfurt am Main 1981